Elias Gedichte

GANZ PERSÖNLICHE GEDANKEN UND GEFÜHLE AUS SCHWERER
DEPRESSION IN EIN NEUES LEBEN

AF199030

II

Elias Gedichte

Bibliografische Information der Deutschen Nationalbibliothek: Die Deutsche Nationalbibliothek verzeichnet diese Publikation in der Deutschen Nationalbibliografie; detaillierte bibliografische Daten sind im Internet über dnb.dnb.de abrufbar.

© 2019 Di Magno, Giuseppe

Herstellung und Verlag:
BoD – Books on Demand, Norderstedt

ISBN: 9783750418288

Vorwort

Ich habe Teile dieser Gedichte 2013 und 2014 online unter dem Pseudonym „Elias" veröffentlicht. Daher lag es für mich nahe, diesen „Elias" auch weiterhin als Figur meiner Erzählungen und Berichte zu wählen. Die Projektion auf einen fiktiven Charakter hat mir geholfen, meine Geschichte besser zu erkennen und in Worte zu fassen.

In jedem Fall möchte ich dieses Buch nicht als Ratgeber oder Sachbuch verstanden wissen. Die in diesem Buch niedergeschriebenen Gedanken und Gedichte, spiegeln ausschließlich meine Erfahrungen, Erlebnisse und die daraus gewonnenen persönlichen Erkenntnisse und Schlussfolgerungen wieder.
Vielleicht können sie dem ein oder anderen Betroffenen ein Trost oder gar eine Hilfestellung sein.
Ebenso lege ich Wert darauf, dass ich mich dem allgemeinen Drang, alles genderneutral oder paritätisch zu schreiben, vollständig entziehe.

Menschen, die sich dadurch in ihrer geschlechtlichen Identität diskriminiert fühlen, bitte ich zu berücksichtigen, dass mir der Mensch wichtig ist, der dies liest, und nicht sein Geschlecht, seine Religion, sexuelle Orientierung, Ernährungsweise oder seine Hautfarbe. Ich empfinde eine Schreibweise, die jedes oder einige der oben genannten Differenzierungsmerkmale aufweisen soll, in keiner Weise hilfreich für eine weibliche, männliche oder sonstige Emanzipation oder Gleichberechtigung.

Ich verwende nur dann geschlechtliche Differenzierung, wenn mir das angebracht erscheint. Andernfalls sind immer alle gemeint, auch wenn die deutsche Sprache männliche und weibliche Begriffe verwendet.

Elias Gedanken

Hier sitze ich nun, wie Frodo am Ende von Tolkiens „Herr der Ringe", am Schreibtisch und blicke zurück auf meine Reise. Die Last seines Ringes war mir die Last meines Lebens, das ich bis vor kurzer Zeit führte. Dieses Leben, dass so fröhlich und heiter begann, wie im Auenland selbst. Doch auch mich führte mein Weg dann durch orkverseuchte Gebiete, tief hinein in mein eigenes tödliches Mordor, um dann – ausgezehrt und am Ende meiner Kräfte – mit meinem inneren Schicksalsberg, und mit meinem eigenen Sauron konfrontiert zu werden.

Die Gedichte und Gedanken in diesem Buch, entstanden in den letzten 15 Jahren dieser Reise. Sie sind mein Ausdruck, mein Umgang und mein Trost in dieser Zeit gewesen. In einer Zeit, als Hoffnung nur ein Wort war.

Denn „Die Hoffnung stirbt zuletzt" sagt ein altes Sprichwort. „Aber sie stirbt" wurde irgendwann ergänzt. Am Ende meines langen Weges zum Schicksalsberg starb die Hoffnung selbst. Am glühend heißen Abgrund hängend, hatte ich wie Frodo nur noch den Gedanken „Lass einfach los"!

Vielleicht fragst du dich jetzt, liebe Leserin und lieber Leser: „Warum beginnt deine Geschichte so negativ?" – und ja, ich habe über dieses „warum" nachgedacht. Mit Freunden gesprochen und reflektiert, um dann wieder darüber nachzudenken, was ich persönlich damit sagen will.

Ich habe mich zurückversetzt. Zurück in die Zeit, in der ich ganz unten war. Das letzte, was ich damals ertragen konnte waren optimistische Menschen, Frohsinn und Heiterkeit.

Es bereitete mir geradezu körperlichen Schmerz, wenn ich solche Menschen sah. Es mag viele Gründe dafür geben, dass ich diesen Schmerz empfand. Vielleicht, weil sie das taten, was ich auch gern getan hätte? Weil sie mir einen Spiegel vorhielten? Oder vielleicht doch, weil sie im Grunde genommen innerlich so zerrissen waren wie ich und es nur nicht sahen?

Doch keiner dieser Erklärungsversuche hat mir auch nur ein wenig Linderung verschaffen können.

Heute weiß ich, dass diese Menschen Hoffnung ausstrahlten - Lebensfreude, positives Denken und Fühlen. Und das Fehlen genau dieser Emotionen und Gedanken war so schmerzhaft für mich.

Aus diesen Gründen heraus will ich dich, liebe/r Leser*in, dort abholen wo du im Moment stehst. Die in einer Depression steckenden Leser, mit

Verständnis für ihre Erkrankung und ihr Leiden und die Leser, die nicht erkrankt sind, mit dem Versuch die Gefühle zu transportieren, die das Leben depressiv erkrankter Menschen bestimmen. Und diese sind nun mal sehr negativ.

In dieser negativen, toten Welt ist auch das letzte Licht erloschen – die Hoffnung.

Dummerweise steht aber am Anfang eines neuen Lebens, nach einer Depression, die Auferstehung der Hoffnung. Diese Neugeburt, diese Auferstehung ist weder leicht noch gibt es dafür einen Schalter, oder einen allgemein gültigen Weg – und nicht alle Erkrankten schaffen es zurück ins Leben. Die Neugeburt der Hoffnung kann auch, aus meiner Erfahrung heraus, nicht während einer Depressionsphase erfolgen. Denn in diesem Zeitraum fehlt den Betroffenen einfach die mentale und emotionale Kraft.

Vielmehr ist es ein sehr individueller und schwerer Prozess. Ein Weg, den auch ich gegangen bin. Ein Weg, der ohne professionelle Hilfe, aus meiner Sicht, nicht zu bewältigen ist. Denn oft sind die Betroffenen selbst blind gegenüber den wirklichen Ursachen ihrer Erkrankungen.

Ich habe lange Jahre nicht begriffen, dass ich psychisch erkrankt war. Mir kam noch nicht einmal der Gedanke, dass dies möglich sein könnte.

Und so erkannte ich auch nicht die Anzeichen, die sich am Horizont zu einem riesigen Sturm aufbäumten. Lange Zeit schob ich die Belastung und meine emotionale Situation auf meine Lebensumstände.

Meine Ehe war sehr problematisch, ich war als Trainer sehr eingespannt, der Job war stressig, die Selbstständigkeit forderte ihren Tribut – letztlich war ich um keine Erklärung verlegen.

Aber anstatt, dass alles besser wurde, wurde es immer schlimmer. Meine Ehe scheiterte, ich musste um meine Kinder kämpfen, meine Firma musste ich schließen, geriet in die Insolvenz und plötzlich fand ich mich in meinem alten Jugendzimmer, im Haus meiner Eltern wieder. Ich rappelte mich auf, fand eine neue Liebe und genoss die ersten eineinhalb Jahre wie eine Auferstehung. Doch ohne meine alten Muster und Glaubenssätze zu ändern – ohne wirkliche Therapie und Heilung – musste auch dies scheitern. Und so brach ich letztendlich 2013 endgültig zusammen.

Erst da war ich bereit, alle Vorbehalte, alle Bedenken beiseite zu lassen und mich nicht mehr selbst zu belügen. Ich konnte es einfach nicht mehr, denn es fehlte mir die Kraft dazu.

So wie es mir damals erging, ergeht es leider auch anderen. Sie erkennen die Tragweite ihrer Situation nicht. Sie glauben selbst am besten zu wissen, was

4

ihnen fehlt. Sie flüchten sich nicht selten in fadenscheinige Erklärungen und versorgen sich selbst und ihr Umfeld mit beruhigenden Parolen wie: „Das ist nur eine Phase, mir geht es schon besser!" oder ähnlich klingender Eigenpropaganda. Häufig suchen sie die Ursachen, wie ich damals, in ihren Lebensumständen.

In ihren Augen sind es **nur** die Lebensumstände, die Schuld an dem Dilemma sind. Doch die Lebensumstände spiegeln oft unsere inneren Konflikte und Kriege wider. Lebe ich also im Krieg mit mir selbst, kann mein Leben kein Paradies sein.

Ich habe einige dieser Menschen während meiner Gruppentherapien und therapeutischen Maßnahmen erlebt und das tragische Scheitern beobachtet. Und das hat mich immer wieder daran erinnert, wie ich damals gehandelt habe.

Um an einer schweren Depression zu erkranken, können auch andere Ursachen vorliegen und ich will mir hier nicht anmaßen genau zu wissen, was jeden Menschen bewegt. Denn es können ebenso z.B. traumatische Erlebnisse oder organische Erkrankungen sein, die dafür sorgen, dass ein Mensch psychisch schwer erkrankt.

Daher rate ich all denen, die noch zweifeln, sich in jedem Fall professionell helfen zu lassen. Und was aus meiner Sicht noch wichtiger ist: offen und ehrlich sich selbst und den Therapeuten*innen, Ärzten*innen und Psychologen*innen gegenüber zu sein.

Nur so gelingt es, aus meiner Erfahrung heraus, den Weg in ein neues Leben Schritt für Schritt zu gehen. Bis zu dem Punkt, an dem Hoffnung zulassen, der letzte von unzähligen Schritten ist.

Ich habe mich lange gewehrt, Hoffnung zuzulassen. Wohl auch deswegen, weil ich einfach keine Kraft mehr hatte. Ganz sicher aber, weil ich Angst hatte zu Hoffen. Denn aus der Sicht des Hoffnungslosen birgt Hoffnung die Gefahr der Enttäuschung und des Schmerzes. Hoffnung bedeutete für mich, wieder kämpfen zu müssen. Um hoffen zu können, hätte ich als depressiv erkrankter Mensch also sehr viel Kraft aufbringen müssen. Kraft, die ich nicht mehr hatte. Denn das Überstehen jedes einzelnen Tages erforderte schon all meine noch vorhandene Kraft.

Hoffnung wurde irgendwann zum Feind schlechthin.

Doch ich war blind gegenüber der Tatsache, dass ohne Hoffnung alles nur noch Schmerz war und Kampf blieb. Denn den Schmerz spürte ich nicht mehr, die Trauer berührte mich nicht mehr und der Ausgang des täglichen Kampfes war mir egal geworden. So brachte ich jeden Tag das letzte bisschen Kraft auf, um aufzustehen. Ich zwang mich dazu, mich anzuziehen, etwas zu essen und darauf zu achten, nicht zu viel zu essen – was praktisch nie gelang. Dann noch ein bisschen Kraft aufbringen, um die absoluten Notwendigkeiten zu schaffen – oder eben auch nicht. Einfach den Tag irgendwie zu überstehen!

Hoffnung ist also nicht nur der Glaube, dass alles besser werden kann, dass sich ein Leben noch zum Guten wenden kann, sondern Hoffnung ist selbst die Entscheidung, der letzte Schritt eines langen Weges, an dem ein besseres Leben beginnen kann.

Es ist die Entscheidung, zu akzeptieren, dass es Rückschläge und Schmerzen gibt und gleichzeitig Glück und Liebe – und dass ich es wert bin, Glück und Liebe zu erhalten und bereit bin dafür zu kämpfen. Hoffnung bedeutet, nicht liegen zu bleiben, sondern ganz langsam aufzustehen.

Hoffnung bedeutet nicht, dass es keinen Schmerz mehr gibt. Hoffnung bedeutet nicht, dass alles rosarot und in Watte gepackt ist. Hoffnung bedeutet auch nicht, dass ich wie trunken vor Glück über eine Wiese tanze.

Hoffnung bedeutet aber von all diesen Dingen ein kleines Stück.

Hoffnung bedeutet, die Momente, die rosarot sind, auch so zu genießen. Es bedeutet, dass ich die Momente, in denen ich trunken vor Glück bin, auch so zulassen und in mich aufzusaugen zu können – und auch manchmal trunken vor Glück über eine Wiese zu tanzen!

In diesen Momenten empfinde ich Leben. Dafür zu kämpfen, musste ich jedoch ganz langsam wieder lernen.

Diese Zeilen sind ein emotionaler Teil meiner neu gewonnenen Hoffnung, Teil meines Prozesses, neu geboren zu werden - Leben neu und anders zu lernen.

Mit diesen Zeilen möchte ich dich auf meine Reise durch die Hölle mitnehmen – um dann neu geboren zu werden. Neues Leben zu spüren, ein neues Ich, neue Gefühle, Hoffnung und Liebe.

Doch am Anfang stand der Zusammenbruch. Ich will es hier kurzhalten, daher nur so viel, dass ich eines Morgens aufwachte und nichts mehr tun konnte. Es war kein Wille mehr da, keine Kraft, keine Hoffnung. Ein toter Geist in einem noch funktionierenden Körper. Eine Hülle, weiter nichts.

Mein Hausarzt schrieb mich umgehend krank und ich sollte mir einen Psychologen oder Therapeuten suchen.

Doch zunächst stand ein langer Klinikaufenthalt an. Meine erste Therapie in einer Klinik, 70 km nördlich von Hamburg, war eine Offenbarung für meine Seele. Dort lernte ich Menschen und mich selbst anders kennen. Ich lernte Menschen kennen, die in einer ähnlichen seelischen Verfassung waren – wenn auch aus anderen Gründen. Was mich besonders berührte und mich der Therapie weiter öffnete, war die

Tatsache, dass ich niemandem erklären musste, wie ich mich fühlte. Denn aus ihrer eigenen Erkrankung heraus, wussten alle was ich fühlte. Dort begegnete ich auch meinen 3 Engeln. Drei ganz unterschiedliche Menschen, drei ganz unterschiedliche Frauen. Sie haben mir in dieser Zeit ganz besonders geholfen. Ganz offen haben sie ihre Sicht auf mich und ihre Gefühle geäußert. Vielleicht war es einfach eine göttliche Fügung, Schicksal oder Bestimmung. Aber es war wichtig, dass es Frauen waren – und ganz besonders diese drei. Denn Frauen waren eines meiner tiefsitzenden Probleme.

Das war der Beginn einer langen Reise, die hier ihren vorläufigen Höhepunkt erreicht. Ich weiß, dass ich jeden Tag etwas dafür tun muss, um nicht wieder abzugleiten.

Ich gewinne immer mehr an Erfahrung und Routine im Umgang mit meiner Erkrankung. Und vor allem mit meinem neuen ICH. Kleine Anzeichen eines seelischen Tiefs erkenne ich sehr viel schneller und kann daher rechtzeitig etwas dagegen tun. Aber das Risiko eines Rückfalls bleibt.

Elias fragt: „Wieso passiert mir das?"

Das habe ich mich sehr lange gefragt. Schöne Antworten habe ich keine erhalten. Nur schmerzhafte, verstörende und niederschmetternde Antworten. Es sind die Antworten auf Fragen, die ich nie bewusst gestellt habe. Es sind die Antworten, die sich letztlich auf eine einzige Antwort komprimieren lassen.

Ich habe mich lange geweigert, dieser einen Antwort zu glauben.

Das ICH es bin, der sich nicht ändern will, der in seinem alten Schmerz, seiner alten Welt und seinen alten Mustern verharren will. Im gewohnten Chaos, indem ich mich so gut auskenne. In dem Schmerz, den ich fühlte und der mir so vertraut war, dass ich glaubte, ohne ihn nicht mehr leben zu können – und dass ich diesen Schmerz verdient hätte. Ich war überzeugt, dass die Welt um mich herum schlecht, grausam und ungerecht war. Ich glaubte, dass ich zu schwach und zu sensibel sei. Ich war der Ansicht, dass die Welt schuld daran ist, dass es mir so schlecht geht und die Suche nach dem Guten im Menschen sich ohnehin nicht lohnt.

Es ist natürlich auch viel einfacher, seine eigenen Wünsche und sein eigenes Sein zurückzustellen, um nicht anzuecken. Denn für sich zu kämpfen bedeutet immer, dass ich anecke! Es bedeutet automatisch, dass ich Menschen wegstoße. Es bedeutet auch, dass ich Fehlschläge erleide und Beurteilungen anderer ertragen muss. Ich habe das aber mit meinen Mustern und Leitsätzen nicht vereinbaren können. Ich habe also nicht für mich, sondern gegen mich gekämpft, bis nichts von mir übrigblieb als ein nackter, hoffnungsloser Gefangener in einem dunklen Kerker.

Dabei war ich doch erfolgreich. In der Schule beliebt, Klassensprecher und auch Schulsprecher. Ich war beruflich erfolgreich, auch wenn es Rückschläge gab. Auch sportlich war ich erfolgreich. Deutscher Meister in meinem Sport und über Jahre in der deutschen Nationalmannschaft. Als Trainer beliebt, respektiert und erfolgreich mit meinen Schützlingen. Doch das alles konnte nicht verhindern, dass ich innerlich zerrissen wurde. Vielmehr sorgte es dafür, dass der Untergang hinausgezögert wurde.

Bis zu dem Tag, an dem ich feststellte, dass ich nichts mehr empfinden konnte. Bis zu dem Tag, an dem ich feststellte, dass ich mich nur in meiner negativen Welt sicher fühlte. Bis zu dem Tag, an dem ich feststellte, dass die Angst, sich meinen inneren Dämonen zu stellen, so groß war, dass ich es bevorzugte, ein unglückliches, ja totes Leben in diesem Kerker zu führen.

Ich musste ganz langsam erkennen, dass der Mensch, der ich bis dahin nach außen und innen war, nicht dem entsprach, was meine Seele in Wirklichkeit wollte. Das ich meine Seele zum Schweigen verdammt hatte. Doch die Seele verschafft sich Gehör! Die Seele will leben! Und jedes Mittel ist ihr recht, um sich Gehör zu verschaffen. Das äußert sich bei jedem Menschen anders.

Bei den einen zeigt es sich durch massive Gewichtsab- oder -zunahme. Bei den anderen treten plötzlich medizinisch unerklärliche Gelenk- oder Nervenschmerzen auf. Wieder andere entwickeln Herz- und Kreislauferkrankungen, Erkrankungen des Magen- und Darmtraktes, Hautprobleme oder massive Migräne. Die Wissenschaft bezeichnet dieses Schreien der Seele als die Psychosomatik.

Es ist mir selbst so schwergefallen, das alles zu erkennen. Und es war noch viel schwerer, mich von meinen alten, vertrauten Leitsätzen, Moralvorstellungen und Weltansichten zu lösen. Das Risiko einzugehen, anzuecken, unbequem zu sein! Nicht der Sohn zu sein, den meine Eltern sich wünschen, oder der Mensch, den die Gesellschaft vermeintlich erwartet.

Doch das wäre eine Geschichte für ein anderes Buch.

Elias fragt: „Das bin nicht ich?"

Ich war zutiefst verunsichert. Alles das, was ich glaubte mich auszumachen, soll eine Lüge sein? Nur Fassade und Maskerade? Das konnte und wollte ich nicht glauben! Und wenn das alles nicht „ich" bin, wer bin ich dann?

Allein diese Fragestellung entzog mir den Boden unter den Füßen. Ich fühlte mich kraftlos, leer und falsch.

Erst ganz langsam im Zuge meiner Therapie erkannte ich, dass alles miteinander verwoben war. Mein wahres Ich, grotesk verwoben mit allen Masken und Fassaden. Dies alles zu entwirren wurde zu meiner Aufgabe.

Anfänglich wehrte ich mich dagegen. Ich konnte es einfach nicht glauben! So klammerte ich mich noch an bestimmte Verhaltensweisen und bediente weiter meine kranken Muster.

Doch ich erhielt harte Lektionen – es lag an mir, was ich daraus für mich selbst lernen würde. Und je länger das Lernen dauerte, desto härter wurden die Lektionen.

Aus diesen Lektionen, die mir das Leben hart und ohne Gnade serviert hat, sind diese Gedichte und Gedanken entstanden. Diese Lektionen haben mich soweit gebrochen, dass ich noch nicht mal mehr die

Kraft hatte, meinem Leben - meinem Dahinvegetieren - selbst ein Ende zu setzen.

Es war der Weltuntergang für mich. Eine persönliche Katastrophe biblischen Ausmaßes. Kein innerer Messias, der sich noch opfern kann und die Sünden auf sich nimmt. Kein Licht mehr und keine Hoffnung. Nur Dunkelheit.

Am Ende! Ohne Lebenswillen, ohne Zukunftswillen. Meine alte Welt musste komplett zerbrechen, damit Platz wurde für etwas Neues.

Der Schmerz, den ich beim Sterben meiner alten Welt empfunden habe, kann nur der Mensch nachfühlen, der auch dort war. Als ich innerlich zu realisieren begann – emotional realisierend, nicht kognitiv – dass ich die letzten 50 Jahre nicht wirklich gelebt hatte, und nun alles vorbei war, entzog es mir den letzten Rest an Kraft und Leben.

Vielleicht kannst du, lieber Leser, jetzt auch nur ansatzweise erfassen, warum sich schwer depressive Menschen auch das Leben nehmen – viele Menschen jeden einzelnen Tag.

Das Ende und ein Neuanfang

Das Ganze endete für mich in einer schweren Depression und einer generalisierten Angststörung. Was mich jedoch am meisten traf, war die mangelnde Akzeptanz meiner Erkrankung bei vielen Menschen in meinem privaten Umfeld und im Job.

Glücklicherweise haben mich besondere Menschen, sehr enge Freunde, meine Eltern sowie meine Schwester und mein Schwager jederzeit unterstützt. Ich weiß nicht, wo ich ohne deren Hilfe heute stehen würde. Mein besonderer Dank gilt auch ihnen.

Eine Depression ist eine lebensbedrohliche Erkrankung. Sie ist nicht sichtbar, wie zum Beispiel ein gebrochenes Bein. Sie ist nicht hörbar, wie zum Beispiel bei Asthma. Sie ist nicht gesellschaftsfähig, wie zum Beispiel Krebs.

Und dennoch sterben jedes Jahr unzählige Menschen einen gesellschaftlich lautlosen Tod. Ein Tod, der vielleicht vermeidbar wäre. Nur besonders prominente Menschen, wie z.B. Robert Enke, Robin Williams oder Avicii gelangen in die Aufmerksamkeit der Medien und damit der Gesellschaft. Was ihren Tod nicht weniger erschütternd und tragisch macht.

Eine Depression ist nicht, wie bei vielen anderen Erkrankungen, die Unfähigkeit des Körpers zu Überleben –nein - es ist der Tod der Emotionen, der

Tod der Freude, des Mitgefühls, der Empathie für sich selbst und den Rest dieser Welt. Es ist der Beginn des emotionalen Zerfalls. Bis ganz am Ende die Unfähigkeit des Geistes zum Weiterleben diesem Leben ein Ende setzt.

Eine Depression ist keine Stimmungsschwankung. Eine Depression ist keine Reaktion auf eine „stressige Phase". Eine Depression ist keine Ware, die ich mir aussuche und beiseitelegen kann, wann es mir passt!

Eine Depression kann nicht mit hohlen Phrasen oder klugen Sprüchen geheilt werden.

Eine Depression ist für die Betroffenen die **tiefste** Existenzkrise ihres Lebens. Wer noch nie an einer schweren Depression erkrankt ist, kann dies alles nicht nachfühlen.

Das ist aber auch nicht notwendig – denn auch wenn jemand nie Krebs hatte, akzeptiert dieser Jemand problemlos, dass Krebs eine schwere Erkrankung ist.

Stell dir vor, du verlierst bei einem Unfall beide Beine.

Der Arzt im Krankenhaus sagt dir: „Ihre Beine können ganz langsam nachwachsen! Es werden nicht die gleichen Beine sein. Sie werden sich zunächst kaum auf den Beinen halten können und es wird sich fremd anfühlen. Sie werden das Laufen mit diesen Beinen komplett neu erlernen müssen." – „Oh ja," freust du dich, „was muss ich tun, damit meine Beine nachwachsen?"

„Ganz einfach", sagt der Arzt, „Sie müssen jeden Tag 15 km laufen."

So in etwa kannst du dir das vorstellen. Dein Gehirn ist erkrankt. Und nun soll sich das erkrankte Organ selbst heilen. Das ist ein unglaublich schwerer Weg.

Du fängst also an, dich mit deinem Körper, deinen Armen, Händen deinen Ellbogen nach vorne zu zerren. Du steckst all deine verbleibende Energie hinein. Und du schaffst am ersten Tag vielleicht gerade mal einige, wenige Meter.

Der Arzt sagt dir nicht, was das Ziel ist. Er sagt dir nicht, wie oft du diese 15 km täglich schaffen musst. Aber es dauert sehr lange, bis du zum ersten Mal diese Strecke zurücklegen kannst.

Und diese 15 km zu schaffen, ist nur der erste Schritt! Wenn die Beine nachgewachsen sind, kommt erst der wichtige Teil: sich an die neuen Beine gewöhnen und neu Laufen zu lernen.

Ein Ziel ist es, mit den neuen Beinen 50 km am Tag zu laufen, ohne eine Anstrengung und ohne die Kilometer zu zählen. Ein anderes Ziel kann sein, mit den neuen Beinen auf einer Parkbank zu sitzen, keinen einzigen Schritt zu tun und es zu genießen.

Ziel ist, dass mich diese neuen Beine in ein neues Leben tragen.

In dieser Zeit braucht die erkrankte Person all ihre Kraft für diesen Heilungsprozess. Sie wird sich nicht bei all ihren Freunden melden. Sie wird sich nicht um Beruf, Familie oder Zukunft kümmern können. Sie braucht am Anfang jede verfügbare Energie für sich selbst.

Und am allerwenigsten braucht dieser erkrankte Mensch, der sich kriechend, all seine Kraft aufbringend, ganz langsam vorwärts robbt „gut gemeinte Ratschläge" oder Sprüche, die sinngemäß etwa Folgendes sagen: „Steh doch auf! Was liegst du da unten rum und kriechst!"

Ich hoffe, die Gesellschaft – damit meine ich uns alle – lernt, dass Depression eine ernst zu nehmende Erkrankung ist. Insbesondere auch Krankenkassen, Ämter und Behörden, die teilweise den Betroffenen den letzten Boden unter den Füßen wegziehen und sie emotional noch tiefer in den Abgrund stoßen.

Ich hoffe, dass wir alle lernen diesen Menschen bei zu stehen, und ihnen helfen neu laufen zu lernen.

Elias Rat an Freunde und Familie

Insbesondere möchte ich all den Menschen, die einen depressiv Erkrankten in ihrer Familie oder Freundeskreis haben, einen ganz persönlichen Hinweis mitgeben:

„Dieser Freund*in, dieses Familienmitglied wird sich wahrscheinlich verändern!!"

Er wird nicht mehr der gleiche Mensch sein, den ihr vorher kanntet. Es wird weiterhin viele Eigenschaften geben, die auch vor der Erkrankung da waren und die ihr geschätzt habt. Aber es wird auch viele Punkte geben, die plötzlich komplett verändert sind. Diese Veränderung zu verstehen, ist nicht leicht.

Beschäftigt euch damit! Beschäftigt euch mit der Erkrankung und damit mit eurem/eurer Freund*in oder Familienmitglied.

Es gibt viele Informationen und auch Selbsthilfegruppen für Angehörige und Freunde von Erkrankten. Auch lohnen sich Gespräche mit Psychologen*innen oder Psychotherapeuten*innen. Ja, ich empfehle euch auch, selbst einen Termin bei einem dieser Profis in Anspruch zu nehmen! Auch wenn ihr selbst nicht krank seid. Sie können euch aus einer neutralen und professionellen Perspektive hilfreiche Einblicke und Tipps geben. Vor allem aber sprecht mit der erkrankten Person selbst, ohne Vorwürfe zu erheben, zu beurteilen oder anzuklagen.

Sich mit dieser Veränderung nicht ernsthaft zu beschäftigen, kann dazu führen, dass sich der Erkrankte von euch abwenden wird. Egal wer ihr seid, egal was euch bisher verbunden hat, egal was ihr aus euren Augen bisher Gutes für diesen Menschen getan habt.

Sich nicht damit zu beschäftigen und nur Sätze, wie z.B.: „Du bist nicht mehr der, der du mal warst" abzusondern und sich abzuwenden, zeugt aus meiner Sicht von Ignoranz und fehlender Empathie – und nicht von Freundschaft oder Familie.

Nahestehende Menschen können mit der Veränderung leicht überfordert sein. Liegt dir der Erkrankte am Herzen, suche dir Hilfe, und verstehe diese Situation vielleicht auch als Entwicklungsherausforderung an dich selbst.

Was hat Elias gelernt?

Für mich - und nur für mich – habe ich realisiert, dass einige prägende Ereignisse, das Umfeld sowie Elternhaus und eigene unbewusste Interpretationen aus meiner Kindheit und Jugend dafür gesorgt haben, dass ich irgendwann in diese Depression hineingeraten bin.

Die Beschreibung der genauen Ursachen und Auswirkungen, die zu meinem Zusammenbruch führten, würden den Rahmen dieses Büchleins hier sprengen. Heute werden psychische Erkrankungen immer weiter erforscht und die Wissenschaft ist mittlerweile überzeugt, dass auch genetische und organische Faktoren, sowie die familiäre Krankheitsgeschichte, bei der Wahrscheinlichkeit, an einer Depression zu erkranken, eine Rolle spielen.

Und so habe ich erfahren (nach über 50 Jahren), dass auch mein Vater mit Anfang zwanzig, über Jahre hinweg an Depressionen litt. Und heute weiß ich ebenfalls – nach all dem, was ich nun gelernt habe - dass er nie wirklich gesund wurde.

Es sind vor allem unsere Leitsätze, die wir in prägenden Situationen unseres Heranwachsens meist unbewusst selbst formulieren, die unser Leben anschließend so massiv beeinflussen.

Wir versuchen alles, wirklich alles, damit diese Lebensleitsätze ihre Gültigkeit behalten. Bis zum eigenen Untergang!

Denn diese Leitsätze beeinflussen uns sehr stark. Sie stellen unsere Weltordnung dar. Sie haben Einfluss darauf, wie wir uns sehen und empfinden. Aber eben auch, wie wir handeln und mit der Welt interagieren.

Sind die meisten deiner Leitsätze für dein Leben positiv, so bist du kaum gefährdet. Sind deine Leitsätze aber z.B. geprägt von Mangel und Sehnsucht, dann ist Vorsicht geboten.

Das überaus Tragische an Leitsätzen ist aber, dass sie uns meist nicht bewusst sind. Das ist eines der großen Probleme und eine der ersten Herausforderungen, die es zu bewältigen gilt.

Herauszufinden, welches die inneren Treiber, die inneren Moralwächter, Richter und die inneren Kerkermeister sind. Denn nur, wenn wir diese erkannt haben, können wir sie verändern.

Mein stärkster Leitsatz war:

„Ich muss heute besser sein, als ich gestern war."

Dieser sorgte dafür, dass auch 100% nicht reichten. Aber mehr als 100% kann niemand leisten! Denn 100% bedeutet einfach alles geben! Keine Reserve mehr, kein Plan B und kein Ass im Ärmel.

Ich habe jahrzehntelang versucht meine körperlichen, emotionalen und mentalen Grenzen zu überschreiten. Das Resultat war immer ein Fehlschlag. Was mich dazu anspornte noch härter, noch erbarmungsloser gegen mich zu agieren.

Noch mehr Training, länger und härter arbeiten, mehr Verantwortung übernehmen – höher, weiter, schneller!

Die Erfolge, die ich errungen habe, täuschten mir vor, dass meine Anstrengungen gerechtfertigt gewesen sind. Wenn ich nur hart genug arbeite, schaffe ich alles!

Mit dieser Taktik habe ich alles verloren, was ich aufbauen wollte. Dieser Leitsatz zwang mich in eine Spirale mit nur einem Ausweg: Zusammenbruch!

Was sind deine Leitsätze?

MEIN WEG

Unsicher ist mein Schritt,
wackelig und zögernd.
Fragend blicke ich um mich
und erwarte die Konsequenzen.
Dunkel ist es vor mir,
Und jeder Schritt ist zweifelnd.

Ich höre meinen Atem,
sehe nichts, obwohl meine Augen weit
aufgerissen sind.
Jeden Moment glaube ich,
in einen Abgrund zu fallen,
vor eine Wand zu laufen.

Ich suche Halt.
Doch da ist nichts.
Ich versuche eine Hand zu finden,
Doch meine Hand greift ins schwarze Nichts.
Mir ist kalt.

Ich suche Licht,
Doch die Dunkelheit breitet sich aus.

Meine Schritte hallen und machen mir klar:
Es ist mein Weg- und nur ich kann ihn gehen.

KRAFTLOS

Jeder Tag gleitet aus der Hand,
gefühltes Leben ist verbannt.

Alles Fühlen ist gestorben,
keine Hoffnung auf ein Morgen.

Leben weicht der Existenz
bis zur letzten Konsequenz.

Das Herz ist tot,
das Leben auch.
Glücklich sein nur ein Hauch,
Erinnerung der Vergangenheit.
Einer weit entfernten Zeit.

Keine Kraft mehr, um zu kämpfen.
Keine Rüstung, um zu glänzen.
Nackter Herzschlag, ungeliebt.
Keine Hoffnung, die noch siegt.

Jeder Tag verrinnt aufs Neue,
eine Leere, die ich wiederkäue,
wartend auf den einen Tag,
an dem dies alles Enden mag.

DUNKELHEIT

Dunkelheit umgibt mich,
wie ein tröstender Mantel.
Sanft deckt er die letzten Strahlen des Lichts ab.
Hüllt mich in tiefes Schweigen.
Ruhe – Schweigen – Stille.

Niemand, der die Dunkelheit zerschneidet.
Nur vereinzelt ein paar Sterne.
Schön, unerreicht.
Kalt – lieblos – fern.

Wartend auf den nächsten Morgen.
An dem das Licht der Sonne die Nacht zerbricht.
An dem die Strahlen der Sonne fordern,
Wo die Menschen wieder da sind.
Wach, um erneut im Licht des Tages zu wirken.
Laut – schreiend – nicht enden wollend.

Bis die Nacht wieder hereinbricht.

ANGST

Mein Herz rast.
Mein Atem flach und flüchtig.
Mein Mund trocken.
Meine Augen weit aufgerissen,
suche ich den Feind.

Er steckt in mir! Meine Angst!

Dumpf sitzt du in der Ecke.
Doch deine Sinne sind hellwach!
Jeder Schatten und jedes Geräusch –
Bedrohlich – beängstigend – panisch.

Sie steckt in mir! Meine Angst!

Du nimmst nichts anderes mehr wahr.
Das Adrenalin macht mich süchtig und doch
hasse ich es.

Bin gelähmt nur durch das was in mir ist.
Gelähmt durch sie.

Der Angst in mir!

VERWIRRUNG

Ich suche das Leben,
bin verwirrt von allen Dingen.
Warte auf die Welle.
Warte auf ein Zeichen.

Doch ich sehe,
Ich bin nicht allein.
Ich sehe,
Das Leben findet statt – jetzt!

In jedem Moment.
In jedem Miteinander
In jedem Gegeneinander.
In jedem Wolkenbruch und Sonnenstrahl,
In jedem Weinen und Lachen.
In jedem Lieben und Hassen.

Durch alle diese Gefühle und Gedanken
fällt es mir schwer das Leben zu erkennen,
schwer, die Nebelwand der tosenden Geräusche
zu durchbrechen.

Manchmal schaffen wir es allein,
Und manchmal hilft uns eine gute Seele,
Die Nebel zu durchbrechen und einen Strahl
der Hoffnung wärmend zu erhaschen.

EIN MOMENT IN DER ZEIT

Flüchtig tauchen Bilder auf,
von Momenten in der Zeit.

Wage Gefühle kriechen den Rücken hinauf,
von Augenblicken des Glücks.

Traurigkeit, Verbitterung, Vergänglichkeit.
Momente die vergehen wie ein Atemzug.

Dämmernd und zweifelnd.
Fieberträume in der Nacht, oder Wirklichkeit?

Aufgerissen sucht die Hand etwas zum Greifen.
Verzweifelt klammert das Herz.

Doch das Leben läuft nicht rückwärts,
Noch findet es in der Zukunft statt.

Das Leben ist jetzt.
In diesem Moment!

HALTE MICH FEST

Wenn die Kälte in mir hochsteigt,
Wenn alles sinnlos scheint.

Wenn die Verzweiflung mich einholt,
Wenn ich keine Kraft mehr habe.

Wenn der Schmerz erwacht,
Wenn das Gefühl entschwindet.

Wenn die Leere sich ausbreitet,
Wenn die Hoffnung stirbt.

Halt mich fest.
Lass mich nicht los,
Wenn ich selbst keine Kraft habe, um zu stehen.

Halt mich fest
Weil das alles ist was mir bleibt.

LEBEN

Sehnsucht nach einem Ort!
Nach einer Zeit.
Einer Berührung.
Sehnsucht

Schmerz!
Alles zerreißender, vernichtender Schmerz.
Wo weinen nicht hilft.
Kein Trost.
Schmerz

Trauer!
Tiefe, dunkle trostlose Trauer.
Wo keine Hoffnung mehr ist.
Kein Pfad.
Trauer

Hoffnung!
Vielleicht nur ein gutes Wort.
Eine Geste.
Ein Blick.
Hoffnung

Leben, ohne Liebe, ist kein Leben!
Ist Sehnsucht, ist Schmerz, ist Trauer, ist Hoffnung!
Leben!!

HERZWELTEN

Singend springend,
Weinend lachend,
Knieaufschürfend Späße machend.

Unbeschwertes Kindsgemüt,
Viel zu oft ermahnt, gerügt!

Dies nicht und auch das nicht tun,
Gefühle machen dir das Leben schwer,
Bis sie schweigend, schreiend ruhn.

Wenn das Leben dich dann lehrt,
Dass nur Gefühle sind es Wert,
Gelebt zu werden jederzeit,
Ist das Ende meist nicht weit.

So lass deinen Gefühlen freien Lauf,
Aus dem Herzen sprudeln sie zu Hauf,

Denn wenn erst versiegt ist dieser Quell,
Wird´s im Herzen nicht mehr hell.

TRÄUME

Wenn ich meine Augen schließe,
Kämpfen Gut und Böse.
Ich trage meine weiße Rüstung,
Oder schaue durch rote Augen.

Wenn ich meine Augen schließe,
Ist alles erlaubt.
Ich reise zu den Sternen,
Oder gebe auf.

Wenn ich meine Augen schließe,
Meldet sich mein Herz.
Es erzählt mir von Liebe,
Und von Schmerz.

Wenn ich meine Augen schließe,
Meldet sich meine Hoffnung.
Sie erzählt von Liebe,
Und der Reise zu den Sternen.

Wenn ich meine Augen öffne,
Lasse ich meine Träume nicht hinter mir.

Ich will zu den Sternen reisen und Liebe spüren!
Gib deine Träume nicht auf.

ICH SUCHE

Ein Herz, das mich liebt,
aber nicht besitzen will.

Eine Hand, die mich leitet,
aber nicht beherrschen will.

Ein Wort, das mich tröstet,
aber nicht blenden will.

Eine Frau, die mich verführt,
aber nicht benutzen will.

Ein Gefühl der Geborgenheit,
aber nicht der Gefangenschaft.

Eine Seele, ganz nah der meinen,
der ich mein Herz,
meine Hand,
mein Wort,
meine Leidenschaft,
und meine Arme schenken kann.

AUSSTEIGEN

Wie in einem Schnellzug, an dem die Landschaft viel
zu schnell vorbeizieht, erleben wir nicht unser Leben,
sondern sehen nur zu, wie es an uns vorbeirauscht.
Viel zu schnell konsumieren wir die Eindrücke,
als dass wir sie wirklich bewusst erfahren könnten.

Die Gesichter der Menschen, an denen wir
vorbeiziehen, wirken alsbald wie blasse
Erinnerungen an einem nebeligen Herbsttag.
Unsere Erlebnisse nehmen wir nur selten wirklich
wahr, sondern sind in Gedanken schon am Ziel
unserer Reise – und vergessen diesen einen Moment
bewusst zu leben.

Doch es gibt die Chance am nächsten Bahnhof
auszusteigen. Weg von diesem rasenden Ungetüm
aus Kälte, Stahl und Zwang. Weg von dem Krach, der
Unrast und dem Anpassen an die Fahrgäste.
Weg von den Zugführern, und den Kontrolleuren.
Der erste Schritt auf den Bahnsteig – unsicher und
suchend. Doch aus der Suche und der Angst kann
Neugier und Hoffnung werden. Und manchmal- ja,
nur manchmal – steht ein Mensch auf diesem
Bahnhof.

Und auf einmal erblickt man die Augen dieses
Menschen, und schaut tief in seine Seele.

Diese Momente sind Momente für die Ewigkeit. Augenblicke, die man niemals vergisst und die Welt scheint für eine Sekunde still zu stehen. Diese Menschen begleiten Dich dein Leben lang.

Sie stellen keine Fragen nach dem „Warum". Sie fordern keine Rechtfertigung oder Erklärung. Weil sie dich so nehmen wie du bist. Ohne Verrenkungen, ohne Schauspiel und ohne das sie dich verändern wollten.

EINSAMKEIT

Lachend, lächelnd.
Witzig und amüsant.
Scherzend ist „Alles gut".

Die Seele weint.
Doch der Kopf hört nicht zu.
Verzweifelt schreit das Gefühl,
Doch die Gewohnheit ist taub.

Furchtlos erlegt der Körper den Tag.
Kalt begräbt er die Seele.

Wann hat eine Seele keine Tränen mehr?
Wann gibt die Hoffnung die Hoffnung auf?

Leise spricht immer noch jemand.
Die Einsamkeit.
Sendet Kälte,
Eisige Starre.

Doch es gibt Menschen,
Die mit einem Blick,
Einem Wort das eisige Herz treffen.

Wie ein Vulkan bricht es sich Bahn,
bebendes Leben!

ANGST VOR LIEBE

Ängstlich geh ich meine Wege,
Gefühle die ich nicht mehr hege,
kommen schleichend angekrochen,
aus ihrem Kerker ausgebrochen.

Verheißen nicht Glück und Liebe,
sondern sind morbide,
Henker, Diebe, Mordgesindel,
bringen Schmerzen und auch Schwindel.

Nur schnell weg von dem Gefühl,
lieber bleib ich kalt und kühl.
Politisch jederzeit korrekt,
aalglatt - mit Respekt.

Kann ich das für immer schaffen?
Immer mit den gleichen Waffen?
Die Liebe töten - malträtieren?
Liebe immer einzufrieren?

Muss ich es nicht doch mal wagen,
allen Zweifeln zu entsagen,
allen Ängsten dann entgegen,
mich der Liebe zu ergeben?

NEU GEBOREN

Äußerlich unbewegt,
doch innerlich rasend.
Gedankenfetzen, prasselnd, flüchtig,
unsichtbar, wirkungslos.

Immer tiefer sinkend,
Strudel der Verzweiflung,
aufbäumende Hoffnungslosigkeit,
letzte Gegenwehr,
dann Stille.

Keine Erlösung,
nur verbranntes Land.
Keine Hoffnung,
nur schwarze Leere.

Dann plötzlich Licht,
engelsgleich.
Mit sanfter Hand,
Güte und Liebe im Blick.

Herzzerreißender Schmerz,
Gefühle wie Feuer,
die Augen weit aufgerissen darf ich wieder Leben,
Der erste Atemzug eines neuen Seins,
in den Armen meiner Engel.

(danke an meine 3 Engel)

MEIN WEG II

Ich habe keine Angst.
Nicht, vor dem was kommt.
Ich habe keine Angst.
Nicht, vor dem Fehlschlag.

Ich habe keine Angst.
Nicht, weil mich jemand nicht mag.
Ich habe keine Angst.
Nicht, weil ich die Erwartungen nicht erfülle.

Ich fasse Mut,
um mein Leben zu leben.
Ich gewinne Selbstvertrauen,
um meine Entscheidungen zu treffen.

Ich lerne Gelassenheit,
für die Unausweichlichkeiten des Lebens.
Ich strebe nach Genügsamkeit,
Als Schlüssel zum Glück.
Ich übe mich in Achtsamkeit,
um den Augenblick zu genießen.

Niemand vor mir ist diesen Weg gegangen, denn:
Es ist mein Weg- und ich will ihn gehen.

WAHRHEIT

Hin und hergerissen,
was ist wahr?
Zweifelnd und sprunghaft,
was ist wahr?

Ich suche in mir,
finde nur Fragen.
Ich suche in mir,
finde nur Leere.

Suche den Sinn,
doch es schweigt still.
Suche das Leben,
und fühle doch nichts.

Doch leise klopft etwas,
kaum hörbar,
Ein Gefühl macht sich breit,
kaum spürbar.

Es ist meine Wahrheit.
Sie sagt mir was richtig ist.
Es ist mein Leben.
Es sagt mir was lebenswert ist.

Ich schenke mir Zeit.
Ich schenke mir Liebe.
Ich schenke mir Leben.

DU BIST MEIN FREUND

Du bist mein Freund,
du bist mein Trost,
meine Stütze,
mein Zuspruch.

Du bist mein Freund,
mein schärfster Kritiker,
das härteste Argument gegen mich,
mein Gewissen.

Du bist mein Freund,
die Burg meiner Zuflucht,
mein Vertrauen,
mein Schutz.

Du bist mein Freund,
der meiner Seele näher als meinen Herzen,
der meinem Geist verbunden, nicht meinen Lenden,
der weiß wie ich bin.

Du bist mein Freund,
wo ich kein Theater spielen muss,
wo Wahrheit herrscht,
wo Klarheit ist.

Du bist mein Freund,
und für jedes Wort,
jede Träne, jede Umarmung,
und jede Geste die mir geschenkt wurde,
danke ich dir von ganzem Herzen.

Dein Freund!

EIN BLICK

Ein Blick in deine Augen,
Ein aufblitzen deiner Seele.
Eine Flut von Gefühlen.

Vergeblich versucht der Verstand sich zu wehren.
Vergeblich werden Argumente formuliert.
Vergeblich die nicht ernst gemeinte Gegenwehr.

Kapitulation vor den eigenen Gefühlen!
Sich selbst aufgebend, doch nicht verlierend.
Keine Niederlage!
Es ist der Sieg des Gefühls.

Der Moment, in dem ohne Worte alles gesagt scheint,
Der Moment, da eine Berührung alle Geheimisse des
Universums beinhaltet.
Der Moment, in dem ein Augenblick gefühlt wird,
aber ein ganzes Zeitalter vergeht.

Der Moment, da sich zwei Seelen treffen,
Und in einem ewigen Moment miteinander
verschmelzen.

IN MEINEM HERZEN

Gibt es paradiesische Welten,
Und brennende Höllen.

In meinem Herzen
Finden sich berührende Worte,
Und stummes schweigen.

In meinem Herzen
Finden sich blühende Gärten,
Und trockene Wüsten.

In meinem Herzen
Finden sich Menschen,
Liebe,
Momente,
Berührungen,
Worte,
die für immer dortbleiben.

Dies erfüllt mein Herz mit Wärme.
Dies erfüllt mein Herz mit Hoffnung.
Dies erfüllt mein Herz mit Sinn.

Wer dies im Herzen trägt,
Hat nicht vergebens gelebt.

LIEBE

Ich liebe Dich.
Nicht weil du etwas dafür tust.
Nicht weil du jemand besonderes bist.
Nicht weil du mich dafür bezahlst.

Ich liebe Dich,
Weil ich es spüre,
Weil ich es möchte,
Weil ich dir diese Liebe schenke.
Meine Liebe ist unvollkommen,
nicht ewig, wandelbar, sich ändernd.
Sie ist nur ein Gefühl,
in mir.

Meine Liebe ist frei.

Frei von Erwartungen an dich,
Frei von Erwartungen an mich.

LASS ES UNS LIEBE NENNEN

Lass es uns Liebe nennen,
auch wenn es den wahren Kern nicht trifft.

Lass es uns Liebe nennen,
auch wenn ein Wort dafür zu wenig ist.

Lass es uns Liebe nennen,
auch wenn die anderen nicht verstehen.

Lass es uns Liebe nennen,
auch wenn unsere Gefühle unbeschreiblich sind.

Lass es uns Liebe nennen,
da wir jeden Augenblick in uns aufsaugen.

Lass es uns Liebe nennen,
wenn wir uns lange in die Augen schauen.

Lass es uns Liebe nennen,
damit alle wissen was Liebe ist.

HÖRE

Höre nicht auf die Menschen,
Die dich klein reden.
Höre nicht auf die Menschen,
Die dich schlecht machen.
Höre nicht auf die Menschen,
die dich nicht wirklich kennen.

Höre nicht auf die Stimmen,
Die dir immer wieder sagen:
Du kannst das nicht

Höre nicht auf die Stimmen,
Die dir immer wieder sagen:
Du bist ein Niemand

Höre nicht auf die Stimmen,
Die dir immer wieder sagen:
Du bist nicht gut genug

Höre auf die Stimmen,
die dich stark machen,
die dich stützen,
die dich gernhaben,
Die dir Mut machen.

Aber vor allem:
Höre nie auf, dich zu hören!
Hab Mut!

DER BLICK ZURÜCK

Der Blick zurück, ohne Gram,
Zu mir stehend, ohne Scham.

Narben erinnern mich daran,
dass ich alles schaffen kann.

Jeden Kampf, den ich gewonnen,
jeden Berg, den ich erklommen,
jede Schlacht, die ich geschlagen,
jeden Schmerz, den ich ertragen,
sprengten weg die alte Kruste,
legten frei, was ich nicht wusste.

Mein Sein, mein Ich, meine Seele,
auf das ich niemals wieder stehle,
die Luft, das Licht, die Lebensfreude,
und die Zeit nicht mehr vergeude,
hier auf Erden sein zu können,
und jede Freude mir zu gönnen.

Dass was war ist nun vorbei,
zu Ende ist die Sucherei,
denn die Vergangenheit bleibt stumm,
auf Fragen nach Sinn - und dem „Warum",

Das Leben liegt im Heute.
Und dieses Leben, liebe Leute,
will ich feiern und genießen,
und lass es mir nicht mehr vermiesen.

FREI

Die Gefängnistür steht offen,
doch ich wage nicht zu hoffen.
Zu lange war ich eingesperrt,
hat die Sehnsucht mich verzehrt.
Wollte doch nur frei sein – leben!

Doch ich kann mir nicht vergeben,
dass ich der Kerkermeister war,
Tag für Tag und jedes Jahr.

Will mir selber nun erlauben,
vertreiben auch den alten Glauben,
dass ich nicht frei sein, nicht leben darf,
hinter Schloss und Riegel und immer brav.

Wild sein will ich ohne Maß,
lachen über jeden Spaß.
Lieben, küssen wen ich will,
buntes Leben, frech und schrill.

Auf, nur Mut und hol mir Schrammen,
hör nun auf mich zu verdammen.
Kündige als Kerkermeister,
und vertreibe jetzt die bösen Geister,
die nagend, bohrend, fordernd mahnen,
sich pochend ihre Wege bahnen,
bis du vor dir selbst erschrickst,
und wieder durch die Gitter blickst.

Frei bin ich und ohne Zwänge,
ein Ende hat die Herzensenge.
Ich lebe nun wie ich es will,
bin nicht mehr stumm,
nicht mehr still.

Erleuchtung erhält man nicht dadurch,

dass man sich vom Licht anderer bescheinen lässt.

Elias Apell

Ich lerne jeden Tag dazu. Erlebe gute Tage, kleine Fortschritte – aber auch Rückschritte, Stillstand und Tage, an denen ich alles hinwerfen will. Heute weiß ich jedoch besser damit umzugehen. Die schlechten Tage werden immer weniger und sie werfen mich nicht mehr aus der Bahn. Sie erinnern mich aber immer wieder daran, was ich für mich geschafft habe, und dass ich immer noch Dinge verbessern kann.

Manchmal zweifle ich an mir und meinem Weg. Es ist schwer für mich, nach 50 Jahren Lebenszeit zu erfahren, dass ich nie gelebt habe – sondern nur gelebt wurde. So ist es nur folgerichtig, wenn ich meiner Wege nicht sicher bin. Es ist vielmehr ein Ausprobieren und Entdecken geworden.

Ich habe Mut für ein neues Leben gewonnen, weil ich heute weiß, dass ich die alten Fehler und die alten Regeln abwerfen kann. Weil ich weiß, dass ich Fehler machen werde, wie jeder andere Mensch auch. Diese Fehler schwächen mich nicht mehr und flößen mir keine Angst mehr ein. Denn ich habe gelernt zu ihnen zu stehen und aus ihnen zu lernen. Aus diesem Grund habe ich auch etwas anderes fallen lassen: den Zwang, aus Angst alles unter Kontrolle haben zu wollen. Alles vorher sehen zu müssen, und mich damit selbst auszubremsen. Es bedeutet für mich ein großes Stück mehr Gelassenheit zu wissen, dass ich mit den Situationen, die auf mich zukommen, umgehen werden kann. Ich vertraue mir selbst.

Ich habe neue Lust am Erfolg. Erfolg bedeutet für mich in diesem Zusammenhang, dass ich wieder eine neue Facette an mir entdeckt habe. Erfolg bedeutet auch, dass ich etwas ausprobiert habe und für mich entschieden habe, dass es mir nicht gefällt.

Leben bedeutet für mich nun etwas anderes. Es ist kein Anpassen mehr. Keine Suche nach der Lücke in der Welt, in die ich passe. Es ist der Aufbau meiner eigenen Welt. In dieser Welt gelten meine Regeln. In dieser Welt wächst langsam ein neues Wesen, ein neuer König. Dieses unglaubliche Wesen bin ich. Viele meiner Eigenschaften, Ansichten und moralischen Grundsätze schaffen es nicht mehr in diese neue Welt. Doch es gibt auch viele andere, die es schaffen. Ich verändere mich nicht komplett. Es ist mein Weg zu einem gesunden Egoismus. Und es wurde auch wirklich Zeit, diese Veränderung anzugehen.

Ich befinde mich beim Schreiben dieses Buches ebenfalls in einem Entwicklungsprozess und werde dieses Buch und dessen Veröffentlichung auf mich wirken lassen. Und möglicherweise werde ich dann meine komplette Geschichte in einem neuen Buch niederschreiben.

Meine persönliche Entwicklung hinkte meinem Alter deutlich hinterher. Ich stand lange an der Schwelle zum Erwachsenwerden und überschritt sie doch erst sehr spät. Selbst die Pubertät, in der alles auf

Rebellion, sich ausprobieren und eigene Wege gehen, ausgerichtet ist, habe ich damals konsequent ausgelassen. Angepasst, Schwiegermutters Darling! Ich war charmant, zuvorkommend und immer bemüht einen guten Eindruck zu hinterlassen.

Alle meine Taten und Handlungen waren nur einem großen Ziel untergeordnet: Geliebt zu werden, wie ich bin!

Doch wenn ich selbst nicht weiß, wer ich bin, wie können andere mich dann lieben wie „ich bin"? Wie kann ich mich dann selbst lieben? Ich war Weltmeister darin, jedem dass zu geben, was er gern sehen wollte. Jedes Chamäleon wäre vor Neid erblasst. Ob Punker, Rocker, Familie, Freunde oder Business – fühlte ich im Gegenüber etwas, konnte ich mich darauf einstellen. Ich wurde von vielen akzeptiert und hatte einen sehr großen Freundes- und Bekanntenkreis. Wie ein bunter Hund! Dies bewirkte aber, dass ich selbst nicht wusste welche von diesen vielen Personen, welche von diesen Projektionen, ich selbst war. Damit schließt sich der Kreis, in dem ich gefangen war.

Bis ich ihn endlich durchbrechen konnte – doch dafür musste ich erst sterben.

Warte nicht solange, bis du stirbst! Lehne dich gegen dein eigenes Gefängnis auf! Kämpfe gegen den unerbittlichsten, grausamsten und mächtigsten

Gegner, den du in deinem Leben finden wirst: **dich selbst!**

Befreie dich von erlernten und selbst auferlegten Ketten, Zwängen und negativen Glaubenssätzen, damit du der sein kannst, der du in deinem Inneren immer sein solltest. Wenigen Menschen gelingt es, sich von Anfang an ihrem Weg zu verschreiben. Für die meisten Menschen gilt das nicht.

Der Weg zu sich selbst ist für jeden suchenden Menschen anders - erbarmungslos, schmerzvoll, lang und schwer – aber er lohnt sich immer!

Denn am Ende winkt das Leben, dass du schon immer führen wolltest.